164 dikter

Nathalie Walting

164 dikter

Formgivning och foto: Michael Nystås
Förlag: BoD – Books on Demand,
Stockholm, Sverige
Tryck: BoD – Books on Demand,
Norderstedt, Tyskland
ISBN: 978-91-7785-526-2

Du springer
Du simmar
Du skriker
Du andas
Du finns
Du andas djupt
Du gråter
Du är förtrollad
Du har ångest
Du skriver dikter
Du sover
Du ler
Du skrattar

Allt du gör
är saker
som får dig att orka

För även om
känslorna rör upp
sig för dig
så hjälper dom
även dig
i dom allra svåraste
stunderna

De hjälper dig
när du knappt kan andas
När du skriker av ångest
När du gråter så
förtvivlat

Du ler och skrattar
men du känner ingen
glädje eller lycka,
men det hjälper
dig att orka andas

Ögonen tåras om och om igen
Känslorna sliter tag i mitt inre
Uppgivenheten bor i min kropp
som är så sargad efter allt jag upplevt
Jag gråter om och om igen,
kastas runt i en värld med randiga kinder

Min själ är inte hel
Det kommer den aldrig bli
förrän jag är en fågel
som flyger fritt bland molnen

Salta tårar
som rinner
i mitt hjärta
varje dag
Dom tar
aldrig slut
Det gör så ont
i min lilla själ
Det känns
som jag ska kvävas
av smärtan
som bor inne i mig

Jag är trött
Trött på livet
som får mig
att tappa hoppet
om och om igen
Jag har aldrig
någonsin
fått må bra
Hela tiden
surrar det
i mitt huvud
Snälla
Låt
mig slippa smärtan

Tårarna
som trillar
ner
från mina kinder
är bara ett
bevis
på den smärta
som håller
mig i handen
varje dag
och natt
och jag försöker
bara överleva
ett helvete som
aldrig lämnar
mig ifred
Men smärtan
lämnar mig aldrig ifred
Tårarna går på min väg
och jag orkar inte
skrika mig hes
av smärta varje dag

Mörker
Det som jagar
mig om nätterna
Som inte låter
mig vara ifred
Det är svårt
att överleva
en smärta
som tar slut på
mig gång på gång
Tårarna dansar
med mig
varje dag och natt
En dans
som jag inte orkar
med
Hur ska mitt liv
bli bra
när ångestens
dans dansar
med mig
24 timmar om dygnet?

Vad vore jag utan
mina ord som härjar
i mitt stora hjärta?
Det är min kamp
som jag berättar
om och om igen
för att jag behöver det
För att jag kan
andas genom skrivandet
För att det alltid
vill mig gott

Jag vore ingenting
utan orden
som formar sig
i mitt huvud
som jag sen
får ut
genom att berätta
om mina andetag
Och en dag kanske
jag blir fri
från min smärta
Kanske någon gång
Kanske inte alls
men jag har ju orden
som en gåva
Så, nej, jag kommer
inte sluta skriva
om mitt inre
som bor i mig

Regnet smyger på mina kinder
som en liten djävul som bara
vill mig alldeles för illa för att
kunna andas tryggt i mitt hjärta

Jag bor med tårarna som lever
i min sargade kropp
och för varje andetag jag tar,
ju mer tårarna brinner,
desto mer slår jag mig hårt

Regnet och solen
har försvunnit helt
Ingen av dom vill
vara vän med mig
men någon dag, någon gång
kan jag väl få hjärtat
att läka själen

Låt den här mardrömmen ta slut
Mörkret omsluter mitt hjärta
Det känns som jag inte kan andas
Tankarna springer runt i mitt huvud
Jag jagas av mörkret som omsluter mig
Som aldrig försvinner

Hur jag än gör
så finns mörkret alltid där och aldrig sviker
men jag vill att alla känslor jag känner
och mörkret som jagar mig ska svika
för jag vill inte ha så ont i själen
som dom ger mig varje dag
Jag kämpar men tårarna rinner
ändå inuti varje dag

Låt mig jaga ljuset
Det är ljuset som inte ska
svika mig

Så snälla
ljuset kom
och håll om
mig

Det bränner som eld i min själ
Jag vet inte vad jag ska göra för
att det ska sluta brännas så
i mitt hjärta om och om igen

Det bränner i själen
att jag fick ett trasigt liv
Så trasigt så jag inte
vet om jag orkar några minuter till

Det bränner sår i mitt hjärta
för att mitt liv bara plågas
av psykisk ohälsa

Jag försöker få värmen, elden, att
kännas lite mindre
så jag kanske kan få någon
liten ljusglimt ibland

Men nej
Nej
Men nej

Det händer väl inte någon som mig,
någonsin

Någon gång
Någon gång
Någon gång
Någon gång
måste det väl sluta göra ont
Någon gång kan jag väl få
leva och njuta av det vackra i livet,
men i min famn brinner det bara
av smärtan som har bitit sig fast

Någon gång
Någon gång
Någon gång
Någon gång
Men smärtan fängslar min själ
och tårarna bara rinner
och ordet i huvet tar allt ifrån mig
gång på gång
men vi kan ju hoppas att
solen vänder åt mitt håll

Någon gång
Någon gång
Någon gång
Någon gång

Jag har för mycket känslor
Tårarna rinner som regnet
Ingenting blir någonsin bra
Jag försöker bli hel men allt
som händer är att jag faller
Jag får mina trasiga vingar
som tar sönder mig hela tiden
Hur ska jag kunna leva
när det känns som världen
inte är till för mig
inte alls
Det bränner i hjärtat
att känna dom starka känslor
jag känner, gång på gång
Att allt som pågår i min hjärna
bara är som förlorat
Jag vill så gärna bli hel
och känna livet beröra mig
och få skratta med
hjärtat som jag så väl behöver
men det kommer ju aldrig
hända någon som mig
Men min önskan är såklart
att jag ska må bra
och slippa det mest slitsamma
som är i mitt huvud nu
Så snälla, säg inte att det ordnar sig
om det ändå inte gör det alls

Hur ska jag orka kämpa
när varje andetag jag tar
är som att gå genom en
brännande eld hela tiden?
Det känns som jag står i lågor
Som att jag ska brinna upp
Hela mitt hjärta brinner
och jag kan inte stoppa elden
som har funnit sig i mitt hjärta
och i min kropp
Den sargade
själen som jag har
Tårarna som elden skapat
är som att bestiga berg
Hela min värld är upp och ner
och jag är inte glad en endaste sekund
Jag önskar att det hade varit jag istället
Att det var jag som brann upp av smärtan
Jag orkar inte kämpa mot en kamp
som jag inte kan besegra
Tårarna som våldtar mig om och om igen
Hela min själ skriker av smärta
och jag orkar inte mer
Jag skriker av smärtan som hela mitt
hjärta och min själ känner
Jag orkar snart inte strida vidare
för hur ska jag kunna andas
när det känns som allt hindrar mig
Jag hittar ingen väg ur det här helvetet
Låt mig få försvinna
bort från det här helvetet som jag känner

Jag får snart ingen luft av den brännande
känsla jag har i mitt hjärta och i min själ
Snälla, låt smärtan ta slut
och låt mig hitta en stege att ta mig upp
för annars vet jag inte om jag
orkar med denna kamp till liv som jag har

Till Towa

Jag måste få skriva det här till dig
Du var en ängel som hade det tufft
Vad du än bar på så finns du alltid
i våra starka hjärtan

Du skulle inte till himlen, inte nu,
inte än, men du orkade inte med
det som tyngde ner dig, vad det än var

Du satte avtryck i mitt hjärta,
du lever alltid kvar hos oss

Jag kommer aldrig glömma
när du gav mig den fina skylten
"Det löser sig"
men, åh, vad jag önskar att det hade löst
sig för dig
Att du hade fått skratta med hela hjärtat,
att du hade fått känna
solen röra ditt hjärta

Våra tårar efter dig
kommer aldrig sluta rinna
Du var en guldstjärna
i mörkret, men som inte
orkade med den
smärta som sargade
ditt hjärta och din själ

Jag vill vakna upp ur mardrömmen
Skrika att det här inte får vara sant
Att våra tårar inte är sanningen

Jag vill att du kommer tillbaka
Att du kunde känna solens strålar
mot ditt hjärta

Om vi bara visste
hur du skulle få känna vinden
och få må bra igen, för det var du värd
med ditt stora hjärta

Jag kommer alltid minnas dig,
älskade Towa

Försöker skriva
meningslösa
dikter mitt i
natten
Försöker
skriva mig ur
smärtan jag bär på
i mitt lilla hjärta
men jag hittar
inte orden för
att förklara hur
det skaver i mitt bröst,
i min själ och i mitt hjärta
men någon gång
kanske det ordnar sig
Någon gång kanske
det tar slut
men jag tror inte det
Jag är fast i mörkret
som våldtar mig om
och om igen
Jag försöker hitta
anledningar
till att fortsätta försöka
kämpa
men dom är väldigt få
Jag vill bara hitta ett
sätt att hantera mitt liv
men tårarna
har liksom begravt
sig i mitt hjärta och

i min själ
Jag önskar
bara att jag ska få andas
utan att känna ångesten
kväva sönder mig
gång på gång

Tänd ett ljus
för mig som brinner
Låt det brinna
och få min längtan
efter att må bra
bli sann på riktigt
Men jag vet
inte hur mitt liv
ska ljusna
när allt bara smärtar,
men snälla
tänd ett ljus
och håll mig i handen
tills mörkret
har gått och lagt sig
om det någonsin
gör det
Jag tvivlar på det
men låt
mig få drömma
om att det brinnande
ljuset är vägen
till ljus i livet
och att jag en dag
brinner med
längtan
och äntligen får
må bra

Jag försöker hitta hem
från den svåra barndom
som klöste mig i bitar

Jag försöker hitta hem
bland alla tårar
som klöser mig i bitar

Jag försöker hitta hem
bland smärtan som
klöser mig i bitar

Jag försöker hitta hem
bland alla mörka dagar
som klöser mig i bitar

Varje vaken stund
känns livet för svårt
Jag försöker hitta
anledningar till att
kämpa mig fram
men orken har tagit
slut alldeles för fort
och jag orkar snart inte
med den här ihållande
smärtan jag känner i
mitt lilla hjärta

Du visade mig vägen
till allt självhat
Du gav mig tårar varje kväll
Jag fick höra det mesta
en flicka inte ska få höra
Jag hörde orden du skrek
på mig kväll efter kväll
Minns du mig?
Ibland ser du kanske mig
för du bor nära mig
men i början vågade du
inte ens hälsa på mig
Var det för att du ångrade dig så
eller vet du ens vad du höll på med?
Du tog min pappa ifrån mig
Gav honom elden
som gjorde att jag brann
Det sägs att ni har det bra nu
men jag vet att jag saknas
i min pappas liv
Men du gjorde om honom
som om han vore en planet
Du trasade sönder mig
Du kallade mig allt man
inte ska höra
Allt som skavde innanför bröstet
Säg inte att ni inte menade
det ni sa
för när jag mådde dåligt
trodde du inte på mig
Inte han heller

Den psykiska misshandeln
Är du stolt för att du slog
sönder mitt trasiga hjärta
och förstörde så många
av mina år?

Tindra,
vänd dig om
och se ljuset
som du bär på
Trots alla
mörka stunder
som har varit
så finns det
ljus inom dig
Du springer
i ljuset
Du vänder dig
inte till mörkret
för du har vandrat
så många
gånger
i det kolsvarta
I alla
ränder som
runnit
på dina kinder
men nu,
nu flyger du
fritt
i det finaste
ljuset

Hur högt ska jag skrika?
Hur många tårar ska jag fälla?
Hur ont ska det behöva göra
innan någon förstår
att det inte går över?
Att min psykiska smärta
som sitter i själen aldrig
kommer att ta slut?
Att det aldrig kommer
lätta inuti mitt hjärta?
Det går inte, det kommer inte
Det kommer inte sluta göra ont
hur mycket jag än försöker kämpa
Hur mycket jag än kämpar mig upp
så kommer tårarna aldrig sluta
brinna i min eldsjäl
För jag är en eldsjäl
som brinner upp mer och mer
för varje dag
Så säg inte till mig att det lättar
för det gör det aldrig

Jag längtar
efter något
som jag
inte vet
vad det är

Bara något
som kan
hjälpa mig
när jag
bara faller
så här
handlöst
ner
i den
djupa
smärtan
jag så ofta
känner

Men det
kommer
inga
räddande
händer
och
det händer
ingenting

Det kommer
ingen sol

och glimtar
inte något
ljus till
min vissna
själ

Ljuset kommer, vännen
Det kommer dagar
då dagarna är värda
att fortsätta gå
trots att regnet
piskar dina kinder

Vinden vänder, vännen
Någon gång
kommer ljuset
som får dig
att fortsätta ta
ett till andetag

Regnet försvinner, vännen
Det kommer inte regna
för alltid i din själ
Det kommer avta

Vännen, vännen
Det mörka har låst in dig
men jag har en nyckel
till dig, in i ditt verkliga liv
och jag hoppas
det är nyckeln
Att solen slår emot dina kinder
och ljuset regnar över dig

Om ni kunde se min smärta
om ni kunde höra mina skrik
om ni kunde förstå smärtan
om ni visste vilket helvete det är

Om ni dansade i mitt regn
om ni föll som jag varje kväll
om ni stod stilla i regnet
om ni såg mina torkade tårar

Om ni hörde om min dans
om ni gick den stig som jag går
om ni kunde torka mina tårar
om jag kunde få skriva hela tiden

Om jag bara kunde få drömma
om jag bara kunde få skriva
om jag kunde få sätta toner
om jag kunde springa i regnet

För när blir det bättre
Inte idag heller
Inte idag

Vänd mig om
Vänd dig om
Jag är inte
din favorit
bara din
klagosång

Men jag
andas
ju dig
så hur
skulle jag
kunna
låta
bli
att höra
dig
sjunga
sång
efter
sång
där du skriker
av smärtan
som bär dig

Jag försökte fånga
tag i mina vingar
för att flyga min väg
men någon räddade
mig från det, så jag
inte kunde flyga min väg

Jag kan inte skriva
Orden formar sig inte
Jag hittar inte ut ur
den här eviga smärtan
som jag bär på i mitt hjärta
men inga ord kan förklara
hur fruktansvärt ont det
gör att leva med den
Men någon gång kanske
jag kan andas igen
andas in
och andas ut
men just nu känns livet
bara som ett helvete för
varje minut som fortsätter
gå

Nej, jag står inte ut mer
Det finns inget hopp för mig
Det har redan brunnit ut
flera gånger igen och igen

Det går inte mer
Det går inte
Det går inte
Jag orkar inte
Yr hela dagen
Det känns som jag ska
svimma hela tiden
Ta bort mig från
jorden jag platsar
inte här ändå

Jag torkar upp mina tårar
Ännu en gång har dom
landat på mina kinder
Varför ska det vara så här
svårt att leva
Livet
är ingenting för mig

Ord
som ligger mig
så nära till hands
Jag hittar inga
meningar för att kunna
formulera min
smärta som jag hela
tiden känner i hjärtat
Jag bara gråter tårar
i hjärtat hela tiden
och allt jag vill
är bort
Jag vill fly
från min egen smärta

Elden du jagade
Du tog mig ifrån mig
Du klagade på
alla mina andetag
och känslan
jag hade i mitt
hjärta efter varje
gång du var arg
Ett ständigt jävla argt
drama
som du utförde på mig
Det du gjorde mot
mig är inte okej
Det är inte okej
att jag fick ta dina
psykiska smällar
gång på gång

Tänk om jag
hade ord
att förklara
smärtan
jag bär på
i mitt hjärta

För det skaver
under huden
och rinner
tårar längs
min gata

Ska jag skriva poesi?
Kommer jag någonsin
stå med mina ord
på en scen?

Det var ett antal år sen
men jag längtar
efter den känslan

Supernervös
men ändå
känns det bra
att få berätta sina ord

Det är något
magiskt med det

Du dansar med orden
som din egen livskamrat
Du är allt jag behöver
Allt det som är du ger mig styrka

Du rider med min smärta
Du förklarar den i orden
Du är allt en poet behöver

Mina guldkorn
Utan er vore
jag ingenting

Det är ni som
får mig att
andas ännu
en dag till

Ta era dagar
som en lott
på att
jag älskar er
för ni är
fantastiska
även när
mörkret
dansar på era
gator

men jag lovar
att hjälpa
er
att hitta nyckeln
till skrattet
i hjärtat

Jag försöker förstå
varför jag är som jag är
men jag hittar inga svar
på varför jag blev den
lilla fjärilen utan svar
För jag är en fjäril
utan mening och luft
och även när jag flyger
så kan jag inte andas
Det känns som ångesten
sliter mig i bitar och bara
berör och berör mig
hela tiden, varenda minut
Jag vill slå mig fri
Jag vill vända mig till någon
som förstår varför jag blev
denna lilla fjäril som
ingen förstår sig på
Låt mig flyga fritt utan krav
Bara låt mig flyga med dig
så håller vi ihop

Till Linda Tengler
Vi var sjutton år
Två vilsna själar
Vi fann varann
i alla orden vi
begravde oss i
Vi var så lika du och jag
men ändå inte
Vi fann varann
när vi grät tårar
igen och igen
När vi inte visste
om vi skulle gå
sönder av ångest
som retade oss
bland alla nätter
och jag kan inte
glömma den gången
vi stod i affären
och bara skrattade
för ingen visste vad vi
ville ha för godis
eller dricka
men till slut hittade vi något
som vi kunde ha
för att umgås
Det är ett av mina starkaste minnen
Du är för bra för att vara sann
Du är min hjälte när jag gråter
Du torkar mina tårar i cyberrymden
Du är allt jag vill ha

Du är den renaste kraften
Du är orken
Du är hoppet
Du är allt jag vill ha
för utan dig ingen jag
Jag hoppas att våra händer
kan nå varann igen
och vi finner varandra
med skratt på ett café
Pratar om livets vackraste delar
men även om sorgen som förgör oss
gång på gång
men, Linda, glöm inte mig
Ta vara på dig
för du är månen som segrat över livet

Se på mig
Jag är trasig
Jag går inte
att laga
överhuvudtaget
Ingen vet
vad som
är felet på mig
Ingen kan
berätta varför
jag har så
mycket psykisk
ohälsa
Kanske har det
med barndomen
och uppväxten
att göra
men varför kan
jag inte bara
få skratta med
hjärtat
Få massor av
skratt på ängar
som är mina
eller vill dom
inte uppleva mig?

Slå ljuset till min sida
Vänd dig om och le mot mig
Säg att inte varje dag ska
vara så här färglös
för det orkar jag faktiskt inte med
och det regnar från himlen
Det är inte bara människor
som har regnet som känslovisa
Även himlen har en klagosång
för alla vet hur det känns
att falla ihop bara utan färg
Känna sig värdelös trots
att allt man gör är att försöka
rädda sig själv från smärtan
som tar ens breda vingar
och flyger iväg
Men snälla
stanna för jag behöver någon
som torkar mitt regn

Tindra

Kom med mig
Ta mig hem
Himlen är vackrare
än livet

Du anar
inte hur
mycket
du finns
i mina
tankar

Ändå är
du bara
mitt andra
jag

Du surrar
i huvudet
så högt
att jag vill
skrika "sluta nu"

Men du lyssnar inte
Du bara gömmer dig
med en ärrad själ
och du ser
på mig
att jag inte ler
Att det inte finns
något att le för

Du försöker förklara
att jag måste
kämpa bara lite
till och lite till
för du säger
att datumet
till himlen
har gått ut

Men snälla Tindra
Försvinn inte
Vad du än gör
så låt solen
omfamna
ditt hjärta

Ni vet
att bakom
en flickas
tystnad
kan det finnas
miljoner
hemligheter
som är
så svåra
att ta på
och att skriva om
så flickan
väljer tystnad
tills
hon blir hel

Jag vill vinna
en seger
Det skulle vara
en start på
något fint
Kanske en gåva
som jag har
Jag hör ofta att
jag skriver bra
men jag tycker
inte att
det är något
speciellt med
mina små ord
Jag bara formar
dom
och de blir texter
om alla känslor
jag känner dagligen
Men kanske
kommer jag ur
smärtan som
bor i mitt hjärta
och ljuset
börjar vandra
på min lilla stig
Då kanske
jag finner min gåva
men inte nu
Nej
inte nu

Nu finner jag bara
eldar som bränner
ner mitt hjärta
gång på gång
och jag försöker
hitta mening
till att kämpa mig
igenom en dag till
och så fortsätter det så
Men tappa inte bort mig
för en dag kommer
ljuset lysa på mig
Gåvan kommer finna mig
Vad det än är
så står jag här i hörnet
och väntar
på ljusdimman

Mitt hjärta har tappat sin form
Det lyser inte längre ur hjärtat
Bara ett kolsvart mörker som
trasar mig sönder och samman igen

Jag vet inte hur många gånger
jag besökt berget där alla målar
min lilla historia svart ännu en gång
för jag fick ingen regnbåge att lysa

Hur ska jag hitta till solens dörrar
Att få smyga in och bara få le lite
för att solens eldar värmer mitt
lilla sorgsna hjärta
Jag behöver det

Jag önskar mig
inte något alls
bara någon som
förstår vilket
helvete man
kan leva med
dag ut och dag in

Varje dag
är som att slå
själen i bitar
Gång på gång
känns det som
jag ska krossas
ända ner till
botten
och inte hitta
någon mening
med livet alls
Det kanske finns
någon mening
men smärtan
som bor i mig
klistrar sig fast
med trillande
tårar på mina kinder
och jag hittar inte
meningen med
livets melodi

Lilla Flicka,
Jag ser det, jag ser dig
men så många tårar
som faller ner på dina kinder

Lilla Flicka,
jag vet att huset du bor i
skrämmer dig alldeles för mycket
för dom är för närgångna

Lilla Flicka,
jag hör dig om nätterna
Du skriker utan att få luft
Du vet inte hur du ska orka

Lilla Flicka,
jag tror jag förstår dig
Jag vet hur det är att leva
med smärtan du bär på

Lilla Flicka,
välj livet
Det kanske tar lång tid
tills det blir bra
men snälla
välj livet, Lilla Flicka

Salta tårar
som rinner
i mitt hjärta
varje dag
Dom tar
aldrig slut
Det gör så ont
i min lilla själ
Det känns
som jag ska kvävas
av smärtan
som bor inne i mig
Jag är trött
Trött på livet
som får mig
att tappa hoppet
om och om igen
Jag har aldrig
någonsin
fått må bra
Hela tiden
surrar det
i mitt huvud
Snälla
låt
mig slippa smärtan

Hur ska man göra
när ens röda tårar
faller ner på marken

Jag målar min själ
i röda färger
för inuti mig
blöder hela jag

Jag var 15 år
när mitt liv
trasslades in
i smärtans land
Jag fick smaka
på ångesten
som slet sig
in i mitt hjärta
och klorna
trasslades
in i mitt hjärta
och jag kunde
inte annat än
att frysa i
min själ
Dag ut och dag in
fick jag trösta
mig själv
i hopp om
att jag en dag
skulle vara fri
från helvetet
mitt hjärta bär
Men det blev inte så
Jag får även
idag torka mina tårar
som ännu rinner
längs mina kinder
För ni vet att en dag
kommer
jag stå där

starkare än någon annan
just för att mitt liv
blev som det blev
och för att jag fick orden
som en gåva
från månen

Hur gör man
Hur beskriver man
Hur andas man
utan att säga
att jag går sönder
Att tårarna tränger
sig på under huden
Hur många mil
behöver man
springa för att
få skratta
med hela hjärtat
och känna att
varje dag
har en mening
trots ränderna
på kinderna
efter saltvattnet
som har bildats
till tårar
och hur förklarar
man för
någon som inte förstår
hur det är att ha taggtrådar
i hjärtat
varje morgon när man vaknar
och samma visa när man
somnar
och hur säger man
att man jagar andetag
i hopp om att

finna lyckan
inom sig själv
Säg mig att den
här dansen blir
bra till slut

Du är något av det finaste jag vet
Du har så mjuk päls, så fin är du
Jag klappar på dig varje dag
Varje dag jag får vara med dig är underbar
Du torkar mina tårar
Du skuttar alltid när jag kommer
Du får mig att se en mening med dagen
Ibland sätter du dig i mitt knä
och jag ser hur du myser
Helt otroligt att jag kan göra så du finner ro
Jag vill aldrig vara utan dig
Jag vill alltid ha dig vid min sida
precis som jag är vid din sida
Jag kommer alltid ha dig i mitt hjärta
Du berör mig med allt som är du
Försvinn aldrig, älskade Fanja

Mitt verkliga jag
mina verkliga tårar
som ständigt påminner
mig om hur ont
det kan göra i ens själ
För hur mycket
man än kämpar
Hur mycket man
än springer
Hur mycket man än
går i samtal
för att förstå
sig själv
så får man bara
ännu mer frågor
ännu mer tårar
ännu mer skrik
i huvudet
ännu mer smärta
men inget går
att förklara
Inget går att skriva
om hur jag känner mig
men en dag
kanske allt kommer ha
en mening
En dag kanske jag dansar
En dag kanske jag skrattar
Kanske vaknar jag en
dag utan tvångstankar
och ångesten som bor i mig

men just nu tvivlar jag
Jag tvivlar på allt, på livet
Säg mig om jag har en mening
eller om mörkret
ska dansa med mig i all
evighet

Hur ska man skriva
om det som känns
när man går under
av all smärta man bär?
Hur ska man förklara
när det gör så ont
att det bränner i hjärtat
vareviga dag?

Hur berättar man
att ens liv
inte har någon mening
och hur förklarar
man att man inte vet
varför det gör så
fruktansvärt ont att leva?

För mitt skratt är borta
Mina tårar rinner inuti
Min själ har gått sönder
och jag vet inte hur
många mil till jag måste
springa för att inte gå under

Min himmel gråter
Jag torkar upp tårarna
Slänger dom i papperskorgen
Låtsas att det gått över
Att smärtan åkt på semester
men tårarna är kvar
fast inuti
Dom plågar mig varje dag
Jag hittar inga sätt att ta
mig ifrån smärtans land
Det bara värker mer och mer
Gör mig fri från det här
Säg att det blir bättre
Att jag en dag kommer
ha drömmar inombords
leende på läpparna
och ett äkta skratt med hjärtat

Snart krossas jag sönder
Snart orkar jag inte mer
Snart är det inte värt att kämpa mer
Varför ska jag kämpa
när allt är så hopplöst?
När jag inte finner någon mening
Kan inte ens skriva längre
Jag vill skrika att det här få ta slut nu
Vaken varenda jävla natt
Somnar sent och vaknar flera
gånger per natt
Det är hopplöst
Snart ger jag upp
Snart orkar jag inte låtsas längre
för det gör för ont
Nej, jag vet inte vad ska säga
Låt mig få frid någon gång
Låt mig få lite skratt med hjärtat
på riktigt någon himla gång

Leker du med orden
precis som jag?
Har du ordens kraft?
Är det ditt sätt att visa
hur du känner för världen?
Är det så du berättar
om dina känslor,
tankar och funderingar?

Är pennan och tangentbordet
de som vet mest om dig?
Har du skrivit medan
tårarna vandrat på kinderna?
Har du skrivit av total ilska?
Har du skrivit för alla
känslor du känt?
Har du orden som en kanal?

Är dina ord poesi
som mina?
Är dina ord verkliga
och ärliga?
Är dina ord
det sättet du pratar på?
Har du en tyst själ
men en skrivande själ
precis som jag?
Då är vi ganska lika du och jag

En liten dikt skriven 2007

Jag bär på en
smärta ingen ser
Jag bär på en ensamhet
som gör alldeles för ont

Jag bär på så
mycket starka känslor
Jag bär på så mycket
ångest och vill bara explodera
hela tiden

Men tårar som gråter inuti
syns inte utanpå

Jag ser er framför mig
med era blickar som
säger mer än alla
ord i världen

Jag ser er framför mig
hur ni tittar på mig,
kollar ner på mig
Säger att hon inte är en människa

Jag ser er framför mig
med händer fulla av
den trygghet ni fann i skolan
men inte jag

Jag ser er framför mig
och undrar varför
ni valde just mig
just då

Jag ser er framför mig
och låtsas att jag har glömt
men det har jag inte

Den trygghet man ska
ha i skolan som barn
fick jag aldrig uppleva

Du vet
jag skriver poesi
i någon slags terapi
Terapi för att få
utlopp för alla känslor
som jag ständigt går
och bär på i mitt hjärta
För mitt förflutna
är inte vackert
Det är fyllt med smärta
Men en dag kanske
all smärta som jag
känner var värt det
För utan min uppväxt
och mina känslor
hade nog aldrig
orden varit på min sida
men det är dom idag
En dag
ska jag bli ett sant jag
Jag ska bli något stort
bortom allt mörker
och all smärta
som jag bär runt på
i mitt lilla hjärta
för jag är starkare än
dom som högg ihjäl
mitt hjärta gång på gång

Jag har ett hjärta
ett ömtåligt sådant
Jag finner inga ord
på smärtan
som min bröstkorg känner
Ska jag skrika
eller ska jag viska?
Ska jag låtsas
eller ska jag prata verklighet?
I mitt huvud bor
min verklighet
Den där verkliga smärtan
som jag känner dag och natt
Jag fortsätter att fälla tårar
Skriker i kudden
Vaknar med oro i bröstet
Den där oron
som aldrig försvinner
Ska den bo i mig?
Jag vill att den försvinner nu,
NU NU NU NU, FÖRSVINN NU
för jag orkar inte
Jag orkar inte kämpa
Jag vet hur det är att lida
för jag lider varje dag
Varje dag fäller hjärtat tårar
Fäller tårar som inte
går att förklara
Nej, jag vill inte vara med mer
Jag har bara en enda önskan
Låt mitt hjärta få skratta

Jag öppnar mig för dig
Vrider om mitt inre för dig
Berättar om helvetet
som plågar mig dag och natt
men sen säger du till mig
att du ska byta område
inom din tjänst
Du säger att nu kan vi inte
träffas längre
Jag fäller tårar
och du säger till mig
att det inte är personligt
men vad ska jag säga
när jag gråter hysteriskt
och tårarna trillar ner på min kind
att jag känner mig så jävla sviken
om och om igen
Jag vill skrika
att jag orkar inte en minut till
Jag säger att jag inte vill
gå hit mer
Jag vill inte blotta mitt inre
för ännu en person
som skriver saker i journalen
som ändå inte stämmer
Tack, men nej tack,
säger jag till den nya
Den nya som dom tror
jag ska öppna mig för
men det kommer jag inte göra
för jag vill inte bli sviken igen

Det har jag blivit tillräckligt många
gånger
och jag kanske inte orkar kämpa i mörker
men det gör jag varje dag
Kämpar
och känner att sjukvården får vara
Det är ändå inte dom
som bryr sig om mig
Nej, det är dom fina underbara
människorna jag har i min närhet
och jag vill ge dom allt
för att dom stannar
när alla andra går

En dikt jag skrev för några år sen, och, mina
vänner, den är till er, ni vet vilka ni är!

Du som läser det här
kanske känner dig träffad
och kanske ska du göra
det
för du är kanske en av
dom speciella som
är inristade i mitt hjärta

Du är kanske en vän
med det där guldet
och jag vet om du läser
det här
och tror på det minsta lilla
att du kanske är värdefull
så kan jag säga direkt
att du är bland dom bästa
jag vet

Jag älskar just dig
så fantastiskt mycket
och du får aldrig lämna mig
vill jag säga till just dig
Jag vill skrika åt hela världen
att du
alla ni
är de absolut bästa
som finns
Att ni är mina hjärtan

Mina små dyrbara diamanter
och ni är värda mer
än alla pengar i världen
och ni är det finaste jag har
och ni behöver inte ens tvivla
en sekund på att jag inte skulle älska er
för det gör jag
Jag älskar er mer för varje dag

Ni har hjärtan
och ni har en himmel som
är vackrare än
någon annans
Ni har ett ljus
som lyser igenom
era själar
och ni har gått in i min själ
och där är ni bevarade

Och börja inte tänka att du inte skulle
betyda något för mig
för det gör du
för jag vet att om du ens
tänker tanken
att du är vän med mig
då har du hoppat in i mitt
hjärta med ett skutt
och blivit guldmedlem
i mitt hjärta

Du är en av alla dom jag älskar
Du är en av dom dyrbaraste
skatter som finns
Du är hjälpen
Du är tacksamhetskalendern
Du är vänskapskalendern

Ni är där när
jag tror
att jag dör ut

Ni är min blomma
som stöttar och finns
Ni får aldrig tvivla på
min stora kärlek till er
för den är större
än hela universum

Mitt liv är trasigt
så trasigt
att jag inte orkar andas
ännu en dag till
i det här kolsvarta mörkret
som omsluter mig hela tiden
Nej, jag orkar inte med det
Jag vill vara fri som en fågel
Dansa som en fågel
Slippa livet
för livet tär på mig
Jag orkar faktiskt inte en dag till
i smärtans land

Jag minns, jag minns, jag minns
att tårarna bara trillade ner på mina kinder
och jag har ingen förklaring till varför dom
föll
Jag hade hoppats att regnet inte skulle
våldta mig
denna dag också, men det gjorde det
såklart
och hur förklarar man att man längtar bort
längtar bort från det som kallas för liv
att ensamheten har dödat mig gång på
gång
och att jag ska fortsätta andas
bara för att jag kan
för att jag vill
men vem vet att jag faktiskt inte vill andas
mer?

Nej nej nej
skriker jag
Jag har inte ord
så istället skriker
jag
att nu får det fan
ta slut
Ta slut på tårarna
som tränger sig på
för jag orkar inte falla
Inte en gång till

Det är någonting i mig som skaver
Någon som vrider sönder hela min själ
Det trillar tårar ner för kinderna
men jag orkar inte ta emot dom en gång till
Nej, nu får dom faktiskt sluta besöka mig
SLUTA BESÖK MIG, TÅRAR!
Jag vänder mig om, går åt ett annat håll
Låtsas att inte tårarna vrider sig i min själ
men det gör dom lika förbaskat ändå
Jag säger hej då
men dom går inte sin väg ändå
Jag låtsas skratta
för livet är ju så himla vackert
eller inte
Mitt liv har då aldrig varit vackert
Jag har bara haft en massa besvär med mitt
liv
Besvär med att andas
finnas
existera
orka
och allt elände med att vara jag
Men en dag snart kanske allt är borta
Allt mörker kanske inte kommer jaga mig
dag som natt som det nu ständigt gör hela
tiden
men en dag ska jag också skina som en sol

Livet längtar inte efter mig
Det längtar inte
Livet längtar tills jag är borta
från denna jord
och det finns ingen mening
att kämpa för
Jag har inget att kämpa för
Jag har ett förflutet som gör
så fruktansvärt jävla ont
Det gör ont hela tiden
Varje dag skriker livet åt mig

Jag kanske inte kan skriva
jag kanske bara gör det
för att jag behöver det
Jag behöver förvandla orden
till meningar för att kunna andas
Mina ord kommer fortsätta så länge
jag andas
för att ha något att hålla i
och inte tappa taget om mig själv
Jag ska fortsätta kämpa
tills mitt liv är slut
men det är många gånger jag önskat
att mitt liv redan varit slut
för jag har stått ut med mycket mer
än vad någon kan förstå
Jag har minnen som tar sönder
hela mig
men som jag försöker bearbeta
för att kanske en dag
slippa allt det mörker som omsluter mig
dag som natt

Så många minnen jag har
och så många minnen jag inte har
Så mycket som hänt
Så mycket som inte har hänt
Så många tårar som fallit
Så många tårar som inte fallit
Så många gånger jag kämpat
Så många gånger jag inte kämpat
Så många gånger jag velat försvinna
Så många gånger jag inte velat försvinna
Så många gånger jag försökt slippa känna
Så många gånger jag fått känna
Så många nätter jag varit vaken
Så många nätter jag inte varit vaken
Så mycket av allt
Så mycket känslor
Så mycket storm i mig
men jag kämpar på idag också
och hoppas att smärtan tar slut någon gång
för en stund

Det springer runt i mitt huvud
Ordet som förstör hela mitt liv
Jag är jävligt less på att höra på
hur ordet bara surrar hela tiden
Jag vill skrika åt det att vara tyst
Jag behöver inte höra på det
äckliga skitordet
Det ordet tar sönder mig
Jag vill bara skrika
"när fan tänker du vara tyst?"
Du har inget i mitt liv att göra
Du får gå härifrån
förbannade
eldande
brinnande
omogna tvångstanke
Hej då!
Vi ses inte mer
dumma, dumma tanke

Jag skriver igen och igen
Tar mig igenom varje dag
med orden som jag uttalar
men jag är inte säker på om
det någonsin tar slut
Jag bara hoppas att en dag
försvinner mörkret från
mitt slutna hjärta och räddar mig

Tänk inte på mig
för det är ingen mening
Min tid är snart slut
Jag har ingen kraft
kvar att kämpa mer
Inga läkare kan hjälpa mig
för hade dom kunnat det
så hade dom gjort det
Så många läkare med olika
svar på mina frågor
som jag om och om igen
hör i mitt huvud
Men ordet är där hela tiden
Vet någon hur förjävligt det är?
Det är något av det vidrigaste jag upplevt
Tänk er som att höra röster
som inte försvinner ens för en sekund
Så är det för mig
Fast jag hör inte röster
Bara ett ord som dödar mig
mer för varje dag

Du flyger fritt
bredvid mig
Vi är som två
små fåglar
som inte hör
hemma någonstans
Vi orkar inte kämpa
oss igenom allt
regn som faller
på våra kinder
Dom blir bara
fler och fler
Dom tar aldrig slut
så hur ska vi göra
för att orka ännu
en dag i mörkrets
lilla land
Men snälla flyg
bredvid mig
Än är det inte slut

Jag letar med ficklampa
för att hitta det där ljuset
som många säger finns
Men hur stark ficklampan än är
så finner jag inte det ljusa i
livet som skulle drabba mig
eller i alla fall
någon gång ibland
men det händer aldrig
Det enda som händer
är att jag går och somnar
på samma visa som
jag gjorde dagen innan
med mardrömmar och mörker
som aldrig försvinner
från mitt hjärta
Det är silvertårar som smeker
mina torra kinder
men dom blir blöta
och jag kan inte torka dom
men jag försöker
med all kraft jag har
att kämpa mig igenom
dagarna
men det är svårt
när allt man vill är bort från allt

Till Linda Tengler
Jag förlorade mig i dig
Vår vänskap är unik
Vilken tur att Internet fanns
så vi fann varandra
Vi fann varandra i hopp
om att en dag mår vi bra
och jag lovar att en dag
står vi helt fria från smärtan
Vi blir superhjältar
som kan rädda hela världen
genom att bara vara vi

Jag önskar jag kunde skriva
om sånger som blir ljus
Om tårar som rinner längs
mina strålande kinder
för att hjärtat har lättat lite
och att tårarna som trillar
ner är för glädjen som
äntligen tagit sitt bo i mitt hjärta
Jag hoppas att det är så
att glädjen vill stanna och växa sig
starkare för varje dag som går

Väck mig inte alls
Jag behöver sova
men sömnen kommer
inte idag heller
så jag får väl stå ut
med ännu en natt
i helvetet som
jag bär på inombords
Tårar som trillar ner
inuti varje dag
Jag kan inte stå
emot tårarna som
bara faller gång på gång
och allt jag vill är
att tyna bort
för jag orkar inte vara kvar
Släpp mig fri, snälla!

Jag orkar inte mer, viskar jag
för hur ska jag orka ännu en
dag till i helvetet som bor
i min svarta tragiska himmel
För där är allt svart och grått
och tårarna rinner hela tiden
Jag orkar inte stoppa dom
Jag vill bara försvinna från
denna jorden
Jag har ingen längtan
och ingen ork att kämpa
när smärtan biter tag i mitt inre
hela tiden, varje dag
Så ge mig råd
om hur jag ska orka
när allt jag vill är att tyna bort
för jag orkar inte vara jag mer

Säg inte att ni vet
vad jag har gått igenom
varje dag
för att leva det
här förbannade livet
För var ni i skolan
med en känsla i
magen varje morgon
bara för att få veta
att idag blir nog lika
förjävlig som igår
För varje dag kom
rädslan som
jag kände för att
mina klasskamrater
krossade min själ
Vet ni hur elaka barn
kan vara?
Jag vet, jag vet
Mobbningen var
inte beviset
Det var inte därför
jag grät mig så
många nätter till sömns
men ibland var det det
För jag vet hur
förjävliga barn kan vara
För jag fick höra
att jag var värdelös
i så många år
och där stod ni

och såg på
hur illa jag blev
behandlad dag för dag
och så kommer folk
att säga att barndomen
var en fin vän
Nej, jag skulle inte tro det
Skolan var ett helvete
dag in och ut
och jag kunde inte andas
Så säg inte att ni vet
vad jag har gjort
för att orka leva
ännu en dag till

Jag vill vara fri
Fri som en fågel
Kunna flyga fritt
så himlen kunde
känna sig fin
så jag kunde få ro
Torka alla mina
tårar som flyger
på min himmel
Det kanske inte
tar slut ens där
men en dag
måste jag ju flyga
vidare till något
vackrare
Något bättre
Så jag kunde få andas
Känna luften
jaga mig
men den verkar
vara still
och jag verkar
bara få tårar
i present
ännu en gång
Men väck mig
och säg
att det blir bättre
men ljug inte
Säg inte att det
blir bättre

om det inte blir det
för jag väntar på
något vackrare
Något finare än
ångesten
som svävar på
min himmel
Så säg mig bara
när livet lättar
så jag kan
andas här på jorden
och känna solen
mot mina kinder
istället för mörkret
som våldtar mig
gång på gång
Räck mig en hand
Lär mig flyga med dig
Lär mig flyga fritt
så jag slipper låtsas
att livet är en
vacker stad

Jag har klarat det mesta
som deppiga små dagar
Dom är väl inte så små
för dom kom varenda dag
till mitt sargade hjärta
Jag vet hur det är att smyga
kring väggarna i skolan
och i hemmet där helvetet var
Tänk er att aldrig ha det bra
Varken där man ska vara som tryggast
eller där man ska lära sig

Jag har hört det mesta
Elaka saker
som ingen annan ska behöva smaka på
För varje kväll fick kudden ta mina smällar
som jag smällde på mig själv
med tårarna rinnandes på mina kinder
Jag har haft känslor som är så djupa
att jag velat att livet ska ta slut
för jag orkade inte kämpa varje dag
med smärtan som slog mig varje dag

Jag vill kunna blomma ut
i den här våren och sommaren
Visa att det går att blomma
även när smärtan är som värst
Jag vill kunna skriva som du
Du som besöker mig med dom
allra vackraste orden
Kanske kan jag det en dag
Jag vill kunna andas nu
I den här världen vill jag finna lyckan
som spökar i mitt inre varje natt
och som besöker mig på dagarna
Jag vill kunna flyga fritt nu
Vill göra som fåglarna
Sväva i luften
Vissla som bara dom kan
Jag kanske också kan det om jag bara
försöker lära mig tonerna
Jag vill kunna blomma ut
Jag vill kunna skriva som du
Jag vill kunna andas nu
Jag vill kunna flyga fritt nu

Jag vill vara någon
Hoppas jag blir det en dag
Jag vill vara en hjälte
bland alla patienter
och all personal som
vandrar på sitt jobb
med tron att dom
kan hjälpa dig och mig
Men hur ska dom
kunna det när dom
aldrig känt ångesten
som vi har huggande
i bröstet varje morgon
och varje kväll när vi somnar?
Hur skulle dom klara
att livet är ett helvete
varje dag för oss?
Vi är segrare
Vi vinner till och med
över läkarna trots
att de säger sig kunna sätta in
dom rätta medicinerna
Men tänk om medicinen
bara gör det värre
och läkarna bara säger
"Vi provar något nytt"
Varför ska vi prova något
nytt som ändå inte funkar?
Varför sätter dom inte
in fler samtal till patienterna
när det är det enda som får

vågorna att sluta vara vågor?
Men läkarna kanske lär sig
mer om patienterna
Men varför kalla oss patienter?
Har inte vi också ett namn
som vi är värda att kallas?
Vi har också hopp
även när det tagit slut
för vi orkar mer än vi tror
Vi faller ofta
men inte lika ofta
som läkarna kanske
Dom kanske en dag
får känna precis det vi känner
och det är då dom kommer
förstå varför vi ibland
väljer vägar som ibland
leder till himlen
trots att vi egentligen
vill vandra klart på jorden

Det bor en sorg i mitt hjärta
Vad jag än gör så lättar den inte
Jag försöker bara andas lite
Försöker få kraft att orka lite till
men jag orkar inte bära min sorg
Orkar inte fortsätta andas när
jag bara går sönder inuti varje dag

Jag saknar dig, världen
Du som fanns för mig
i vått och torrt
Som aldrig någonsin
försvann ur min värld
Jag saknar dig, leendet
som fick mig att skratta
så jag grät
för att jag nog
var lycklig en gång
Men du kommer aldrig till mig
Jag saknar dig, känslorna
som åker upp och ner
Som aldrig kan bestämma sig
Som bara dyker upp igen och igen
Jag saknar något
Nån gång kan du väl komma
och knacka på min dörr
och säga att livet trots allt är vackert
trots all smärta
för jag vill också må bra
någon gång

Döm mig inte
Jag var en gång
ett tyst litet barn
som inte pratade
Döm mig inte
Jag var en gång en flicka
som fick höra både
det ena och det andra
både i skolan och i hemmet
Döm mig inte
för att jag idag har
ont i min själ
som är så sargad av
allt det jag upplevde
som barn
Jag var bara ett barn utan ord
Ändå så krossade ni mig

Det är ränder
på mina kinder
efter alla salta
tårar som trillat ner
Det är ränder
i min själ
efter alla svek
jag har fått ta
Det är ränder överallt
för alla besked
jag har fått ta
för att förstå att
det inte blir bättre
Hur mycket man än kämpar
så tar smärtan aldrig slut

Min själ är trasig
Tårarna rinner som
ett vattenfall
nedför mina kinder
men jag orkar inte
förstå varför själen
har så ont i hjärtat

Tänk om jag någon dag
fick skratta med hjärtat
istället för att gråta
tusen tårar om dagen
Tänk om jag någon gång
fick låta, fick ta plats
och visa för världen att
jag också behövs här på jorden
Men, nej, jag tror inte det blir så
Tänk om jag någon dag
vaknade med ett leende på läpparna
till ännu en ny dag i denna värld
och att jag fick skratta mig till sömns
Tänk om jag någon gång
när någon frågar hur jag mår
kunde säga att idag mår jag riktigt bra
Men, nej, jag tror inte det blir så
i mitt förlorade
hjärta

Mina trasiga vingar
har satt sig bredvid mig
med tårarna rinnande
inuti mitt hjärta
Jag försöker hitta sätt
att hantera min
själsliga smärta
men jag hittar inget hjärta
utan trasiga vingar
Jag letar hela tiden
efter ett brinnande hjärta
som vill fortsätta slå
på denna jord
men jag tvivlar
på att mina vingar
någonsin får flyga fritt

Jag är en själ
med ett trasigt hjärta
som gråter varje dag
och det lättar inte
Det är bara smärta
hela tiden i mitt hjärta
Vad ska jag göra för
att det ska sluta värka
i min själ, i mitt hjärta?
Säg mig hur man lever
och kan må bra av livet
som leker med mitt hjärta

Vad ska jag skriva?
Har jag ens något att säga?
För hur säger man att man
inte snart orkar med livet mer
för att det gör för ont, för ont, för ont
och jag försöker orka med dagarna
men allt jag vill är att försvinna bort
för mitt liv är inget att ha
Jag ger snart upp det här
Varför ska jag kämpa när jag inte känner
mig glad för någonting?
När allt känns
som meningslösa dagar?
När kroppen inte orkar längre
När jag gråter och gråter inuti varje
sekund av livet
Helvetet som bär mig
Säg mig
När blir det bra?

Jag började skriva texter
när jag var runt 15-16 år
Inte visste jag då att
dikter skulle bli mitt
sätt att överleva dagarna
Att de skrivna orden
skulle rädda mig från
helvetet som bor inom mig
Det var ju bara en liten text
om hur livet betedde sig då
Inte visste jag då att jag
skulle få kommentarer
om min lilla poesi som jag skrivit
Men jag får fina kommentarer
att folk gillar det
Att orden jag
skriver har något fantastiskt
Att jag tydligen är en poet
från lilla orten Partille
där jag växt upp
Men är skrivandet min räddning?
Är det mina drömmar
att få utvecklas som människa
med mina ord som rör sig i mitt huvud
för där är dom
Orden
Dom jag skriver
Dom som vandrar längs mitt hjärta
Jag skulle ju bara skriva av mig
Skriva av mig orden som gömmer
hemligheter i mitt hjärta dagligen

Men en dag blir jag kanske fri
smärtan som rinner i mina ådror
och en dag kanske jag skriver glada dikter
istället för tårarna som våldtar mig

Jag har ett hjärta
som längtar ut
Det längtar efter värme
Att det kan komma lite ljus
Jag har en känsla
som säger åt mig
att en dag mår du
kanske bra
Jag har ett hjärta
som inte orkar slå
Som inte orkar fortsätta
men trots det så gör
hjärtat det ändå
Jag har en känsla
som inte kan förklara
alla känslor den känner
för det går liksom inte
att ta i dom
men ändå gör de det
Jag har ett hjärta
Jag har en känsla
och båda är från
samma själ
Dom står där
bredvid varandra

Jag säger jag säger
att jag mår bra nu
Att ångesten har
slutat rinna i mina ådror
Att jag klarar dagarna
men, nej, det gör jag inte
Jag klarar det inte alls
Jag bryter ihop
mer för varje dag som går
men hur säger man till nån
att hela själen vill säga hej då
Att man nog inte orkar en minut till
Att tårarna bara fortsätter
att rinna ner på mina randiga kinder
för jag hittar ingen sol till mig
Den försvann för längesen
eller har den någonsin funnits
Jag tvivlar på det, jag tvivlar
Tvivlar på mig själv
för jag skulle ju må bra idag
men jag är ledsen
Jag gör inte det idag heller

Ni kallar mig poet
för jag har ju orden
om det där som känns
lite extra i magen
Jag fann orden
mellan mina känslor
som jagar mig dag som natt
Hittar ni orden
Dom som jagar er på nätterna
Dom som alltid finns där
och inte glömmer er
för orden har en förmåga att
fastna i hjärtat
men hjälp mig finna rätt ord
rätt mening
och rätta orden för mig
som vill bli poet nu
snälla

Hur många nätter
till ska jag jaga lyckan?
Hur många skrik i huvudet
ska jag behöva höra?
Hur många tårar till ska
falla ner från mina kinder?
Kommer jag någonsin fram?
Blir det lättare någon gång?
Får hjärtat vila någon gång
när själen värker så
som den gör nu?
Så låt mig bli fri
snälla snälla!

Jag vet inte vad jag ska säga
Hur jag ska forma mina ord
Vad huvudet har att säga
eller vad tårarna som trillar
egentligen säger till mig
Jag har ångest dagligen
Det känns i hela kroppen
Det tar emot att andas
för mina andetag vill sluta finnas
Jag vet inte vad jag ska göra
Hur jag ska fortsätta på det spåret
där glädjen bör finnas, för den finns inte
Inte en endaste gång ler livet mot mig
Är jag verkligen så värdelös?
Det verkar så
Jag hoppas att
jag någon gång får frid
från helvetet som bär mig
Lär mig andas, snälla

Vänd er om
Hör det jag hör
Skrik när jag skriker
För det finns inte en
enda dag då det är
tyst i huvudet
Ju längre dagarna går
ju mer hörs de ensamma
skriken, ångesten, demonerna
Snälla, låt mig bli fri
från det mörka som har tagit
min hand i så många år nu
Jag kanske ler, jag kanske skrattar
Jag kanske ser ut att må bra
men bra har jag inte mått
på minst femton år
Det känns som jag går
sönder varje dag jag vaknar
Jag hade önskat att jag bara
fick bli fri mina demoner
som besöker mig vad jag än gör
Tårarna rinner längs kinderna ibland
Dom befinner sig där väldigt ofta
och att någon gång få må bra
skulle vara något
men det verkar
aldrig hända

Jag reser imorgon
till det landet som
jag drömt om i så
många vilda år
Äntligen ska jag få
se vackra London
för det är tydligen
en grym stad
Tänk att jag ska få
uppleva det
Tänk att jag,
nej, kan nästan inte
tro på det alls
men imorgon blir
det verklighet
Jag önskade att
ångesten kunde göra
mig fri
i dom dagar jag är i
den vilda staden
men det kommer
den inte göra
Ångesten
kommer finnas kvar
när jag vaknar imorgon
04:30
men man får göra
det bästa
av det och önska
att jag får någon
slags lycka i själen

ännu en gång
Snälla, ge mig
mening, ge mig lust
ge mig
allt det där ni har
som ni kallar lycka
för lyckan är inte i min själ idag
även om jag åker till min drömstad
Men snälla tänk på mig
även om jag är där
och du här

Hur ska jag skriva
Hur ska man berätta
om det allra svåraste
Om mörkret, tyngden
att ha ett hjärta som
går sönder om och om igen
Om den bottenlösa
förtvivlan som jag så känner
varje dag i min ensamhet
Det går inte med ord
att uttrycka hur ont det gör inuti
för det gör det
och jag hittar
inga sätt att falla rätt på
Att sluta falla
för regnet
på kinderna kommer ändå
hur mycket jag än försöker läka
Läka mina djupa sår
Läka min barndom, den som var så svår
Den som var så mycket svek

Men jag har tagit mig igenom det
men det betyder inte att jag mår bra
inte att jag inte har sår från ett förflutet
som gjorde mitt liv så fel

Jag kanske aldrig kommer förlåta
men jag kanske måste för att gå vidare
men jag vill inte gå vidare
Jag vill inte andas, inte finnas till

Istället bara gråter jag ännu en tår
så kom till mig när det slutat regna
fina själ

Jag faller ner i det tomma
Den tomma hopplösheten
Jag hittar inga sätt att ta mig
därifrån på något sätt
Det enda jag märker är att ögonen
blir våta av tårar ännu en gång
Är det såhär mitt liv ska vara
att så fort jag andas, finns
så ska tårarna besöka mig
och jag har inga krafter kvar
ingen längtan
mer än efter att få tyna bort
försvinna i ingenstans
i ett land där jag aldrig varit viktig
Jag kanske varit viktig någon gång
men det räknas ju inte nu
när tårarna bara rinner och rinner
Jag kan inte stoppa dom
så säg mig
vad har jag gjort för fel

Se mig när jag faller ner
Se mig när jag gråter så
Se mig när jag inte orkar stiga upp
Se mig när mörkret tar över
Se mig när jag inte känner att jag orkar mer
Se mig när hoppet har dött ut
Se mig när tårarna trillar ner för min kind
Se mig när jag har en ångest som berör
hela mig
men:
Se mig när jag skrattar med hela hjärtat
för någon gång kanske jag gör det

Jag finner snart inga ord
Ord på helvetet jag befinner mig i
Det gör så ont att bara andas
Jag har sån outhärdlig ångest varje dag
Varje dag när jag vaknar önskar jag
att jag inte hade vaknat till ännu en dag
med mörker i mitt hjärta som slitit sig
fast i mitt inre, i hjärtat, i själen
Snälla
kan jag bara inte få några minuter av lycka?

Lär mig hur man gör sig vacker
Lär mig hur man andas utan att
dö en smula varje gång jag vaknar
efter ännu en ångestsmäll
för jag får ta det varje gång
Smäll på smäll
Att en dag få vakna till
skrattet är ju omöjligt om man heter jag

Jag kanske aldrig hittar ut
Det kanske alltid kommer vara såhär
Jag kanske alltid kommer ha ränder
på mina kinder av salta tårar
för hur hittar man ut ur ens själsliga
känslor?
Hur hanterar man känslorna för att inte gå
sönder?
Jag har inga sätt, inga strategier, ingen ork
Jag finner inte ord för hur man förklarar
För hur står man ut när smärtan
har kramat om mitt hjärta igen och igen
och hur hanterar man det liv man
önskar att man inte fått?

Skriker utan ljud
Jag faller och faller
Jag gråter tårar om
och om igen
Jag hittar inte ut ur mitt träsk
Snälla, rädda mig för
jag kan inte rädda mig själv
Mina vingar är trasiga
Dom går inte att laga
Hur mycket jag än försöker
kommer jag aldrig ut ur mörkret
Så, snälla, hjälp mig att finna
mig själv
för jag vet inte hur man gör

Jag kämpar
men hur länge
ska jag kämpa
med mig själv?
Jag slänger snart
ut mig själv ur
mitt liv
som jag gråter
för hela tiden
För jag är ingen
att älska
Ingen att tycka om
Jag känner för
mycket känslor
hela tiden
och jag kan inte
hantera det
Jag hanterar inte att vara
på jorden
där jag föddes
men det var
nog inte med mening
för jag är ingenting att
ha
Så glöm mig
Räkna inte med mig
för jag räknar inte
ens med mig själv
när tårarna våldtar
mig om och om igen

Randiga smällar får jag ta
Ta i det som ska kallas livet
men jag hittar inga vägar
Inga vägar till det bättre livet
Det är bara kaos och smärta
Jag låtsas att det är bra
men inuti rinner tårarna
hela tiden
Kommer jag
någonsin ur det här livet hel?

Mitt liv är så svårt
Så svårt att hantera
Jag vet inte vad jag
ska göra för att glädjas
Jag vet inte hur många
till tårar jag ska torka
från mina randiga kinder
Det känns som dom
tårarna aldrig tar slut
Ingenting verkar ta slut
Jag får leva med smärtan
dag in och dag ut
Men hur länge orkar man
kämpa när allt bara går emot en?
Hur längre orkar man hålla sig
fast vid det vackra i livet
när det bara gör ont hela tiden?
Vinner inte mot smärtan ändå
Det kommer aldrig någon lycka
ur det här mörkret som jag bär på
Låt mig slippa livet för det var
ändå inget för mig någon gång

Jag önskar att jag hade vingar
Vingar som kunde ta mig någonstans
Som kunde göra att jag glömmer
mitt liv och det förflutna som har hänt mig
för jag vill inte vara en del
av det kaos som jag en gång bar
Bar i mina händer som bara ville klättra
neråt
Finna lyckan i min olyckliga saga
Men en dag kanske jag kan testa mina
vingar
och hoppas att dom bär mig till livet
med dans, glädje och skratt
Snälla, säg att det blir så
för jag vill så gärna
pröva mina vingar

Jag målar himlen
men färgerna räcker
inte till i mitt hjärta
Dom bara besöker
mig gång på gång
Kanske kan jag måla
min själ i glada färger
för att någon gång
hoppas att det är färg
i mitt hjärta till slut

Tillägnad Karin

Jag vill tacka dig
men hur ska jag
kunna tacka dig?
Du som gjort allt för mig
Som sett mig i
de värsta stunderna
när jag gråtit i ren
förtvivlan över hur
livet har varit mot mig
Men du, du är som
solen som alltid finns där
Som stöttar mig i det svåra
Som har bjudit in mig
i din familj
Att jag får
vara en del av er
Jag säger allt till dig
Jag kan berätta allt
för dig utan att du dömer
Du förstår som ingen annan
Du torkar tårar gång på gång
Du finns där
när dom andra sviker
Du visar att du finns kvar
när det känns som jag bara faller
Faller från dom höga höjderna
Du är min vän för evigt
och jag din
Du är den första
jag ringer till när något är fel

Du är den som förstår mig
när ingen annan gör det
Du har visat att du bryr dig om mig
och det gör inte vem som helst
men det gör du
Tack för att du finns,
Karin!

Mörkret omslingrar mig
Jag gråter tårar som rinner
längs ner mina kinder
Jag förstår inte varför
för hur ska jag förstå
varför det alltid är ränder
på mina kinder om och om igen?
Hur ska jag förstå varför
smärtan gömmer sig i mig?
Varför livet är så svårt?
Så svårt att hantera
Hur ska jag hantera
att vattnet som faller
ner på mina kinder
bara blir mer och mer?
Men en dag får jag
kanske veta varför
jag har ett känsloliv
som är så svårt att förstå
Att det varje dag
är en känslostorm som
jag inte förstår mig på

Vänner
Världen är här för er
För att ni ska vara på
jorden och visa er
Visa hur bra ni är
Att ni har hjärtan
som är fantastiska
Att ni har en värme
som ingen annan har
Att ni kan det där med
att leva när det känns
som ni har gått sönder
Att ni ibland faller
men det gör inget
för ni reser er alltid upp igen
efter motgång efter motgång
Ni ska segla i havet
med skratten, med elden
som glöder i era själar
Smärtan som ni ibland känner
ska bli så varm att det går att
värma era frusna själar
som ibland är så starka
Men jag vet att ni är starka
Starkare än helvetet som
bor inom er
Ni har en glöd
som ingen annan har
Ni har skratt som man
bara vill höra på om och om igen
Ni är de finaste jag vet

Ni är solen
Ni är hjärtat
Ni är vännerna som aldrig sviker
Ni är dom som står kvar
när alla andra går
Ni är dom som orkar höra
mig när jag gråter förtvivlat
över tomheten som
jag så ofta känner hela tiden
Men ni tvivlar aldrig på mig
Ni finns där och stannar upp
Ger mig en kram
och säger att det ordnar sig
Ni finns där
och det betyder allt för mig
älskade vänner

Våren är här
men för mig
spelar inte
det någon roll
För mig så
vill jag bara
skrika att
jag orkar inte
en dag till
i mitt land
som jag bär
Det blir inte vår
i min själ
bara för att det
växer vårblommor
ute i naturen
För i mitt hjärta
finns det inga
vårblommor
och heller ingen sol
Solen väljer
aldrig mig någon gång
Den väljer bara
att värma någon annan
men inte mig
Jag vill hitta ur det här
Ut ur solen
Låta solen få värma
min lilla själ
men den kommer
aldrig till mig

vad jag än gör
Men, snälla,
säg till mig
när solen
återvänder
och jag får
komma åt den
för det behöver jag

Så många gånger
jag inte orkar
göra det som jag
så gärna vill göra
för att det psykiska
måendet är i vägen
Det finns massor
jag vill göra
men drömmarna tar slut
för smärtan som
förgör mig natt som dag
Hoppet har dött ut
Vart tog det vägen
i den här världen?
Jag vill så gärna
vara denna starka flicka
som trots alla motgångar
överlevde helvetet
som hon bär med sig
som jag bär med mig
men tar det någonsin slut?
Nej, jag tror inte det
För hur många tårar
jag än torkar
så kommer dom alltid
tillbaka och strömmar
på mina kinder
Jag vill simma i havet
Jag vill komma framåt
men jag hittar inga sätt
att rädda mig från mig själv

när min värld är
så full av sorg, oro och smärta
som inte försvinner
Kan inte jag få vara glad
någon gång
men det
verkar inte som mitt
hjärta hittar skrattet

Hej
Kom och hjälp mig nu
Jag hittar inga ord
för att beskriva smärtan
som letat sig fast i mitt hjärta
och jag hittar inga ord
som kan beskriva hur tungt
det är att leva det här livet
Gång på gång vill jag sluta andas
för varför ska jag andas
när det bara gör ont i hjärtat
dag in och dag ut gång på gång?
Min mening på jorden är slut
Jag orkar inte fortsätta kämpa
men jag gör det ändå
för det enda som känns är
att mitt liv går sönder
Jag har tvivel, tvivel på livet
Tvivlar på mig själv
hur jag ska kunna fortsätta andas
när det känns som mitt hjärta sprängs
Snälla, låt mig vakna en dag
och höra hur smärtan går bort
och ljuset och livet kommer till mig

Jag skriver dikter
i ren terapi
för att få ut allt det som
jag bär inuti mig
men allt jag får ut
är bara meningslösa
texter som inte
fyller någon mening
Men jag kämpar
Jag strider
men vet inte vad
jag strider för
för det blir aldrig bättre
Ångesten lugnar
inte ner sig
Tårarna är kvar
Sorgen den bär
mig i mitt sönderslitna
hjärta som jag inte
orkar bära mer
Vad ska jag göra
när allt bara känns svart?
När det bara blir
mörkare och mörkare
i min dystra själ?
Jag försöker hitta vägar ut
Ut ur helvetet som
besöker mig varje
morgon, dag och natt
Snälla, låt mig bli fri
från det här nu

Det känns som jag går under
Under av smärtan som bär mig
Tårarna rinner inuti mig hela tiden
och kampen jag kämpar med
orkar jag snart inte med mer

Tillägnad en så fin vän, detta är till dig, Linda!

Du dras med dina demoner
som verkar vara starkare än allt
men för mig är du världen
Du är finare än vad du förstår
Du är magi, du är ljus
Jag har många fina minnen med dig
men det var några år sen sist vi sågs
Du är en ögonsten som jag aldrig vill
förlora
Du är hjärtat med guld
Du ger mig hopp, du förstår mig
Jag önskar jag kunde ge dig det hoppet
om att en dag får hela världen
se vilken gåva du är
för det är du verkligen
Du är en stjärna som lyser allra klarast
Du är boten mot kampen vi alla kämpar
med
Du är skrattet, du är livet, du är hoppet
Jag vill aldrig vara utan dig
Jag finns här och kämpar med dig
Jag sviker dig inte, jag går inte
Jag stannar här
för hjärtat du har
finns det ingen annan som har
Tack för att jag får vara din vän
Det vill jag alltid få vara

Mina vänner är mina eldsjälar
Ni är krigare som kämpar varje dag
Jag ser ljuset i er
för jag vet att
det finns där även om inte ni ser det
Så tro på mig
för jag vet att ni
är starkare än smärtan som ibland
besöker era själar
och att ni ibland går sönder
av allt som ni bär på
Men det finns en värld för er med
Den kanske inte kommer idag
men någon gång kommer ni skratta
med hela själen och hjärtat
och vara glada och ha drömmar
för det finns en värld utan sorg
Utan demoner som hemsöker
oss alla ibland
och det finns en väg
en väg bortom allt mörker
Tro på mig
för ljuset kommer
jag lovar er det

Jag är inte solen
Jag är solen som inte lyser
Jag är inte hjärtat
Jag har ett hjärta som brister
Jag är inte andetagen
Jag har andetag som inte går att andas
Jag är inte tårarna
Jag har tårar som rinner hela tiden
Jag är inte ljuset
Jag har inget ljust att kämpa för
Jag är inte hoppet
Jag har inget hopp om livet
Jag är inte framtiden
Jag har ingen framtid värd att kämpa för
Jag är ingen alls
Jag har ingen kraft
men jag kämpar

Jag fryser och jag minns
Minns min verklighet
där smärtan var min
vanliga nakna verklighet

Jag jagar livet
Det där livet
som ska vara
så bra, så roligt,
så fyllt med glädje
men i min glasbubbla
finns inga sådana
stunder alls
I min glasbubbla
är det bara skärvor
av ett förlorat hjärta

Det värker i kroppen
lika mycket i min själ
Det känns som jag
ska gå sönder
av mitt trasiga hjärta
Tårarna rinner längs
min svarta korridor
Jag försöker komma ut
Hitta ut ur det här
mörkret som inte är jag
Jag försöker laga mig själv
Hitta sätt att stå ut
fast det är en sådan känslostorm
i mitt hjärta idag med
precis som alla andra dagar
som alla tårar
som trängt sig förbi mitt hjärta

Hej hjärta
Vad vill du säga mig
med alla dessa
känslostormar som
är i mitt hjärta?
I varenda del av mig
Vad vill du säga
när jag gråter
hejdlöst en kväll
som blir till flera?
Vad vill du säga
när ångest på ångest
parkerat sig i min själ?

Jag väntar på ljus
Att det ska tändas
en lampa i min själ
Att det ska glittra i
mina andetag
Att det ska finnas
en anledning till
att gå upp på morgonen
Att mitt hjärta ska
vilja vakna till
ännu en dag i mitt mörker
och hoppas på
att mörkret vill flyga iväg
långt bort
till slut

Snälla
säg mig
hur jag
ska göra
för att
orka fortsätta
andas
när det känns
som luften
tar slut
När det
känns som
hela mitt
hjärta kommer
sprängas
av ångest
som
kommer
från himlen
och faller
ner på min
själ
ännu en gång

Jag trängs i mitt bo
bland känslorna som är
den nakna sanningen
som biter hårt i mitt hjärta
Jag trängs bland sanningen
Den som berättar sitt verkliga jag
som är ett outtalat mörker
som kramar om mitt hjärta hårt
Jag trängs bland demoner
som finns i mig varje vaken sekund
som besöker mig utan att ens
be om ursäkt
Jag trängs bland livet
som ger mig så mycket avsaknad
Så mycket vattenfall
som faller på mina färglösa kinder
Jag trängs bland allting
och hoppas att jag en dag kan vara
fri från det mörka som kramar mig så hårt

Jag möter mitt hjärta
för det brinner inom mig
en eld som inte släcks
Jag möter andetagen
som inte vill möta mig
för de skär i hjärtat
Jag möter livet
som inte vill möta mig
för mina tårar är konturer av smärta
Jag möter världen
som dag som natt
alltid gjort mig illa
Jag möter solstrålen
Är du här för att
rädda mig?

För du gjorde mig illa under så många år
Vet du vad som skrämmer mig om
nätterna?
Att det är tårar som rinner i ett förflutet
Ett förflutet liv som krossade sönder
min redan sargade själ
Jag vet inte om du förstår
att du högg i mitt hjärta varje gång
Vet du vad som skrämmer mig med dig?
Att jag varje dag får leva med det här
som du gjorde med mig
Du slog sönder mitt hjärta
Jag vet inte om du förstår
att du högg i mitt hjärta varje gång
Vet du vad som skrämmer mig?
Det är dina blickar som sa allt
Som sa att det var okej att göra mig illa
Men, nej, det var inte okej
på något plan

Hur torkar man tårar, vännen?
Hur många liter vatten gick åt idag?
Hur långt var du tvungen att falla
för att inse att vattenfallet på dina kinder
trängde sig på under huden, igen?
För hur torkar man tårar
som alltid rinner som regnet
som besöker dig dag som natt
och hur berättar man att idag
orkar jag nog inte ta ett steg till?
För min värld och din värld
är rätt lika
Jag gråter också tårar
varje dag
Varenda minut av mitt liv
så faller regnet ner på mina kinder
och jag önskar mig skratt i vårpresent

Svarta tårar
rinner längs min korridor
Jag försöker hitta mening
i det här svarta livet
som annars brukar ha färg

Du vackra,
vad är det som gör
att dina tårar rinner
ner längs dina kinder?
Vad är det som gör
att du inte orkar,
att du bara ser mörker?
Vad är det som gör
att ditt mörker är
så verkligt för?
Vad är det som gör
att du inte orkar le
åt en ny morgondag?
Snälla, vad är det som gör livet så tungt?

Tårarna bara rinner
Ångesten är där
För mycket känslor
Känslor som spränger
Smärta som dödar
Jag vill bara må bra
Hur svårt kan det vara att få göra det?

Min smärta går inte att förklara i ord
Det finns inga ord för hur mycket smärta
man kan ha inom sig
Jag går sönder
Smärtan går inte bort
Den försvinner inte
Ibland gråter jag så förtvivlat
Ibland är jag bara tyst
Ibland håller jag bara allt inom mig

Jag levde i en mardröm
En mardröm som var sann
Jag satt och skakade i ett hörn
när hon eller han skrek på mig
Rädd för vad dom kunde göra mot mig
Rädd för ilskan som fanns i dom
Orden om hur dålig jag var
om alla fel jag gjorde
blev till slut sanning i mina ögon
Jag blev trasig
Idag försöker jag kämpa
Vinna kampen mot det dom gjorde mot mig
Lära mig att leva

Ensam, sliten
Nedstämdheten tär på mig
Jag försöker kämpa
men hittar inget ljus
Försöker stå ut
men det är allt jag orkar
Snälla, låt mig slippa
den smärtsamma mardröm
som jag känner varje dag

Livet är så mörkt
så det känns i hela huvudet
Huvudet snurrar
och jag känner mig yr
och jag hittar inga sätt
att ta mig ut ur det här
Ut ur det här mörkret
Allt jag vill är att försvinna
Jag har varit i psykisk ohälsa
sen jag var 15
Nu är jag snart 26
Ju mer åren går
ju mer plåga blir det
Det psykiska tar sönder mig
Kväver mig
och jag orkar snart inte andas mer

I så många år
som jag levt
med smärtan
som jagar mig
I så många år
som jag ritat
ränder på mina armar
för att det gör så ont inuti
I så många år
som svält
varit en del
av mitt liv
I så många år
som det
varit vattenfall
på mina kinder
I så många år
som jag mått dåligt
Jag kan inte räkna dagarna
men dom är alldeles för
många
I så många år
som jag önskat
mig upp
till himlen
I så många år
som jag önskat
mig allt det här
för att jag inte
orkar fortsätta min
stig

Mitt liv
började gå fel tidigt
men det var när jag
var femton år
som smärtan kom åt mig
Som livet trasade sönder mig
Det blev sår efter sår
Ränder på mina armar
Ränder i mitt ansikte
efter varje vattenfall
på mina kinder

Jag orkar inte mer
Det är allt jag orkar säga
Smärtan är så total
Ångesten är så djup
Tårarna är så många
Ränderna på armarna blir fler
Ränderna i min själ blir allt fler
För många sår som är där
inuti mig
som jag inte kan hantera
Jag kan inte hantera mitt liv
Jag vill bort, bort, bort
där inte smärtan bor

Jag kan inte andas
Jag kan inte stå ut
Jag kan inte kämpa mer
Jag kan inte fortsätta
Jag kan inte spela glad
Det enda jag kan göra är att
finnas kvar
fast jag inte vill det
En dag tar det slut
Det är snart
hoppas jag

Varje dag är en kamp
Varje dag är en undran
"Hur ska jag stå ut idag?"
Det är en fråga jag ställer
mig dagligen
som jag
inte kommer få svar på
Jag vill helt ärligt
inte vara i livet
Jag önskar att jag inte fanns
Det hade varit mycket
bättre då
men jag finns
och jag hatar det
En dag finns jag inte mer
och den dagen
längtar jag till
för livet gav mig
ingen ljus tillvaro
Ingen fin melodi
Bara vattenfall på mina kinder
om och om igen

Jag vill så gärna vara hon som skrattar
Jag vill så gärna vara hon som gör saker
Jag vill så gärna vara hon som orkar med
saker
Jag vill så gärna vara hon som kan leva ett
fullt normalt liv
Jag vill så gärna vara hon som är positiv
Jag vill så gärna vara hon som inte skadar
sig själv
Jag vill så gärna vara hon som kan vara
glad
och känna att det är på riktigt
Ja, jag vill så gärna allt det här
men jag fastnar i smärtan

Det finns dagar jag går sönder
Då jag bara gråter och gråter
Då tårarna inte har något slut
Kanske är det inte så konstigt
med tanke på vad jag varit utsatt för
Händelserna
mobbningen
utanförskapet
den psykiska misshandeln
går inte att ändra på
men jag är ändå så
mycket starkare än dom
som gjorde mig illa

Jag minns att jag var rädd
för vad som kunde hända
bakom dom stängda dörrarna
Jag minns att jag var tvungen
att ta mig ifrån er
så jag berättade för omvärlden hur
ni behandlade mig
Jag minns
alla gånger jag satt och skakade
för jag var så rädd
för vad ni kunde göra mot mig
Jag minns
att jag var 17 år
och det var också sista gången jag sov hos
er
Jag minns
att jag bestämde mig för
att aldrig komma tillbaka till er
Jag minns
och jag lyckades komma bort från er
Bort från helvetet
det som skulle kallas hem
Jag minns
alla gånger jag grät
alla gånger jag var rädd
alla gånger jag satt och skakade
all smärta ni gav mig
men jag minns också
att jag är så mycket starkare nu

Det är många dagar
på året som jag
inte vill vakna
Då jag bara känner
att det gör så ont
i själen att jag nästan
spricker av smärtan
Det är många dagar
på året som
mörkret har bosatt
sig i mig
och inte lämnar mig ifred
och jag
ber att smärtan
som jag har i mitt
hjärta ska
försvinna från min
själ
och att jag snart får må bra
Då jag får komma till en
himmel med sol

Smärtan är med mig varje dag
Det går inte en minut utan att
jag är utan den smärtsamma smärtan
som jag känner inom mig varje dag

I så många år som jag burit på denna
smärta
En smärta som är så stark att jag inte orkar
med den
att jag försökt döva smärtan som jag har
inuti mig
men den har aldrig riktigt gått att döva
Den har bara gått att lindra
och smärtan är som fången i mig

I år har det regnat från mina ögon
Tårarna har funnits där hela tiden
Det är som dom aldrig tar slut
Det är så mycket smärta jag bär på
Det går inte ens att förklara hur mycket
smärta jag har inuti mig
Jag är på botten och det tar aldrig slut

Jag vill berätta om allt det som känns
Det som gör så ont i mig
Det som värker så förbannat
och gör mig så fruktansvärt ledsen
Jag vill berätta om
hur det skaver i mitt inre
Om kaoset som har bosatt sig i min själ
Jag vill berätta om tårarna
som rinner inuti mig
Att jag inte vill ha dom där
för dom förstör för mig
Jag vill berätta
om ångesten som alltid finns vid min sida
Som aldrig riktigt lämnar mig
Den lämnar bara sår
som jag inte vill ha
Jag vill berätta om alla känslor
som känns så tydligt
men jag kan inte förklara
det som känns i hjärtat
Men min allra största önskan
är att få må bra en dag
Om det bara var för en stund

Jag ska klara av livet
trots att det inte är
en dans på rosor
Jag ska också bli hel
Växa fram utan
den smärtan jag har
Jag ska fixa
allt detta mörka
Jag ska också bli bra
Känna solen mot
mina kinder
Jag ska klara av livet
Det som jag har
Försöka stå ut
Jag ska stå ut
trots att det gör
så ont inne i mitt hjärta

Du tar dina promenader
Går med pennan och blocket
Skriver ner dina känslor
medan du är ute och går
och du undrar hur många
svek till som ska komma till dig
Ska nästa person svika
eller tänker den säga
att du kan lita på mig?

Du tar dina promenader
Går med pennan och blocket
Skriver ner dina känslor
medan du är ute och går
Du undrar hur många
vattenfall dina kinder
till ska klara
Du undrar
hur många dagar till som smärtan
ska vandra i din själ

Du tar dina promenader
Går med pennan och blocket
Skriver ner dina känslor
medan du är ute och går
Du undrar vad den svarta
smärtan gör i dig dag som natt
Varför livet är ett ständigt jagande
på vem man egentligen är

Du tar dina promenader
Går med pennan och blocket

Skriver ner dina känslor
medan du är ute och går
Kommer du att vinna kampen
mot den smärta du kämpar med,
undrar du,
och, ja, jag vill säga ja
för jag hoppas att du hittar till ljuset

Det är som en mardröm
Jag var nog ingen
människa värd
att älska, eller?
Nej
Mitt liv är trasigt
och visst undrar
man hur allt började?
Det visade sig att min klass
var ingen, inget för mig
för jag var aldrig bra

Mitt regn är privat
Mitt liv var inget för mig
Jag står här utan mening
Jag har gråtit tusentals tårar
Det gör jag jämt & ständigt
så det var väl ingen nyhet
Mina tårar tar inte slut
Jag har ett regn som
bor där i hjärtat
alltid så nära
trots att jag ber
om paraply
men även
om jag har ett paraply
som är flera meter
så skyddar det inte mot mig
och inte mot mitt regn
för det är jag
som är själva
regnet
och man kan inte
stoppa sin
egen storm
Man kan inte rädda
sig själv
från den där inre
stormen
som har regn
som öser ner
som alltid

Om ingen ser mig eller hör mig
Om ingen ser mig som jag är
Om ingen ser
Om ingen hör
Om ingen vill se
Då är det precis som förut
Jag är inte hemlig
Jag skriver mitt liv
nu för tiden
Det är mest sorgligt
jag skriver om det
men brukar inte
använda munnen så ofta
för det är så svårt att prata
Att få min mun att prata
Få mig själv att lyssna

Jag var bara en Nathalie
helt ensam lämnad åt
det stora hemmet som
inte var trygghet
och i skolan där mobbning
och utfrysning hade gått
så långt
och jag visste inte
kände inte till något
för i sju år levde jag med det
med den mobbningen
som slog sönder så många
år av mig
och jag undrar lika förbaskat mycket
om jag var en sådan man fick slå
sönder själen för hur mycket som helst
Så, ja, jag kunde väl lika gärna fortsätta
för alla visade ju mig
att min själ ska
man slå på
och det var ju okej

Tindra berättar
Tindra
har ett hjärta
som frusit och fryser
Hon har en frusen själ
som har miljontals sår

Tindra
har ett lesset hjärta
och det lagas inte hur mycket
plåster man än sätter på
för själen kan inte läka
och hennes inre sår
är för stora för att ens
förstå

Tindra
är en sådan
som kan sitta uppe
på nätterna i sin egen
ensamhet och låtsas att
allt är så perfekt
och gråta i sin ensamhet
men då är det ingen
som ser att det är för
svårt
För svårt
att leva ett liv
som man inte vill

Tindra
kan gå ut

men orken för att gå ut
är så svag
Hon vill inte
Vad ska Tindra göra ute?
När hon ser folk
med lycka i ansiktet
blir hon avundsjuk
Varför har inte hon ett
Varför får inte hon ett
hjärta av guld med
lycka på posten?

Tindra
är en sådan
som vill gömma sig
om dagarna och låtsas
att hon inte finns
för hon fick ju aldrig
finnas så varför
ska hon finnas nu?
Frågorna som ställer
och styr sådär lite
varje dag

Tindra
kan få frågor
som om det inte är jobbigt att vara ensam
Vadå jobbigt?
Hon har ju varit
ensam hela sitt liv
så hon har det behovet
Det är mer jobbigt

att vara med människor
för ingen kan se igenom

Tindra
kan skada sig hur mycket som helst
för hon är ju redan så skadad själsligt
Åren läker inte alla sår
som alla säger
De läker fan aldrig

Tindra
vinner inte
kampen mot
sig själv
Varje dag är
ett krig

Tindra
vill inte gå till skolan
eller hon vet inte
Ändå är det allt hon har
Hon känner sig så ensam
Så ledsen i hjärtat
för ingen kan förstå
hur det känns att ha en
så sviken själ
och där sorgen ligger i handen
men det är ingen som vet
hur den bränns

Tindra
vill inte leva
Inte vara i en värld

där hon vet
att hon har inget liv
Livet var inte till för henne
Varför fick inte hon
vara någon annan
något bättre?

Tindra
vet att ingen
framtid finns för henne
Bara att gå
Att hoppa ifrån livet
kommer vara räddningen
Hon orkar inte minnas
och hon orkar inte
finnas
och hon orkar inte
känna det hon känner
och hon har miljontals
själsliga sår som aldrig suddas ut

Tindra
har ett fruset
hjärta
Hon bär på en tyngd
och den är så stor
så ingen kan förstå
hur stor den är
Hjärtat är i glas
Krossat i sprickor
på livet
i allt

Hela världen
snurrar för henne
Världen
är en
karusell
Hon undrar ofta
om det
någonsin
kommer lysa stjärnor
på hennes himmel

Jag står på en gräns
Jag vet inte
vad som är
möjligt längre
Jag tappade bort
mig bland alla stjärnblad
Det fanns inte någon
nära beröring för mig
Jag tappade bort
min genväg
till liv
Jag står
kvar här
med dimman
i ögonen
och med
ett liv i
handen som
jag inte vill
leva
något mer
För mitt liv
är som krossat
glas
Jag hittar ingen genväg
till ett möjligt liv
Jag reser
mig
men jag
faller
lika

lätt
Jag står inte här
utan jag ligger nere
i havets djup

Hon fryser

1

Tindra fryser
Själen fryser
Det är iskallt
som is
Hon vill simma
till värme
men kommer inte
någon vart

2

Det finns ingen hjälp
Tindra är inte hungrig på livet
och inte hungrig på mat
Hon är hungrig efter en frihet
så hon slipper det här

3

Tindras andetag är tunga
Dom får knappt någon luft
och hennes hjärta gör så
hennes inre har en
sådan känslostorm
som flyger i hennes huvud
och hon får inte bort den stormen
hur mycket hon än ber

4

Hon känner sig osynlig
Hennes tårar är osynliga

Vinden åker inte åt rätt håll
Den åker alltid åt fel
Flyger aldrig åt samma håll
som hon vill

5
Tindra har en stark fobi för livet
Hon är så rädd
Rädslan slår
henne i bitar
som är ett pussel
som inte går
att laga
Tindra har ett lesset hjärta

Jag berättar bara
Jag är en människa som bara vandrar här
på jorden
Jag varken vill eller har bett om det
Det finns så mycket känslor som jag vill
skrika ut
och jag är hög på min sorg
Jag är hög på alldeles för mörka känslor
som djupnar sig i min själ
Varför känns det som om jag aldrig får plats
i denna världen?
Varför känns det som jag står här utan att
komma någon vart?
Det är ingen som hör mina skrik i tystnaden
och det är ingen som hör sorgen jag bär på
Jag skriker ut orden som gör så ont
inombords
Jag bär på minnen som skaver sönder hela
min själ
Det är tårar som jag gråter ständigt
och det finns ingen mening med denna
kalla vinter som bor inne hos mig
Det bor känslor i mig
som jag avskyr
Jag avskyr hur
sorgen alltid
ska finnas vid min
sida
Jag är bara en människa
som aldrig har valt
att vandra på den här jorden

Jag är bara en poet
som berättar om
mitt liv

Tindras verklighet
Min historia, berättelse
Tindras ord
Det här är berättelsen om Tindra
Det handlar om så mycket smärta
Det här är min berättelse
Det handlar om mig
Mina ord
och det liv hon lever
Jag tror på att du kommer klara dig
sötaste mormor
Min pappa
Lea, kan du se ljuset?
Hon bara överlevde
Jag önskar
du vann över dom, Nathalie